Monte Rushmore

Julie Murray

abdopublishing.com

Published by Abdo Kids, a division of ABDO, PO Box 398166, Minneapolis, Minnesota 55439. Copyright © 2018 by Abdo Consulting Group, Inc. International copyrights reserved in all countries. No part of this book may be reproduced in any form without written permission from the publisher. Printed in the United States of America, North Mankato, Minnesota.
052017
092017

THIS BOOK CONTAINS RECYCLED MATERIALS

Spanish Translator: Maria Puchol
Photo Credits: Getty Images, iStock, nps.gov, Shutterstock
Production Contributors: Teddy Borth, Jennie Forsberg, Grace Hansen
Design Contributors: Christina Doffing, Candice Keimig, Dorothy Toth

Publisher's Cataloging in Publication Data
Names: Murray, Julie, author.
Title: Monte Rushmore / by Julie Murray.
Other titles: Mount Rushmore
Description: Minneapolis, Minnesota : Abdo Kids, 2018. | Series: Lugares simbólicos de los Estados Unidos | Includes bibliographical references and index.
Identifiers: LCCN 2016963078 | ISBN 9781532101892 (lib. bdg.) | ISBN 9781532102691 (ebook)
Subjects: LCSH: Mount Rushmore National Memorial (S.D.)--Juvenile literature. | Keystone (S.D.)--Buildings, structures, etc.--Juvenile literature. | Spanish language materials--Juvenile literature.
Classification: DDC 978.3/93--dc23
LC record available at http://lccn.loc.gov/2016963078

Contenido

Monte Rushmore. 4

Las caras del
Monte Rushmore. . . .22

Glosario 23

Índice. 24

Código Abdo Kids . . .24

Monte Rushmore

Está en Dakota del Sur.

5

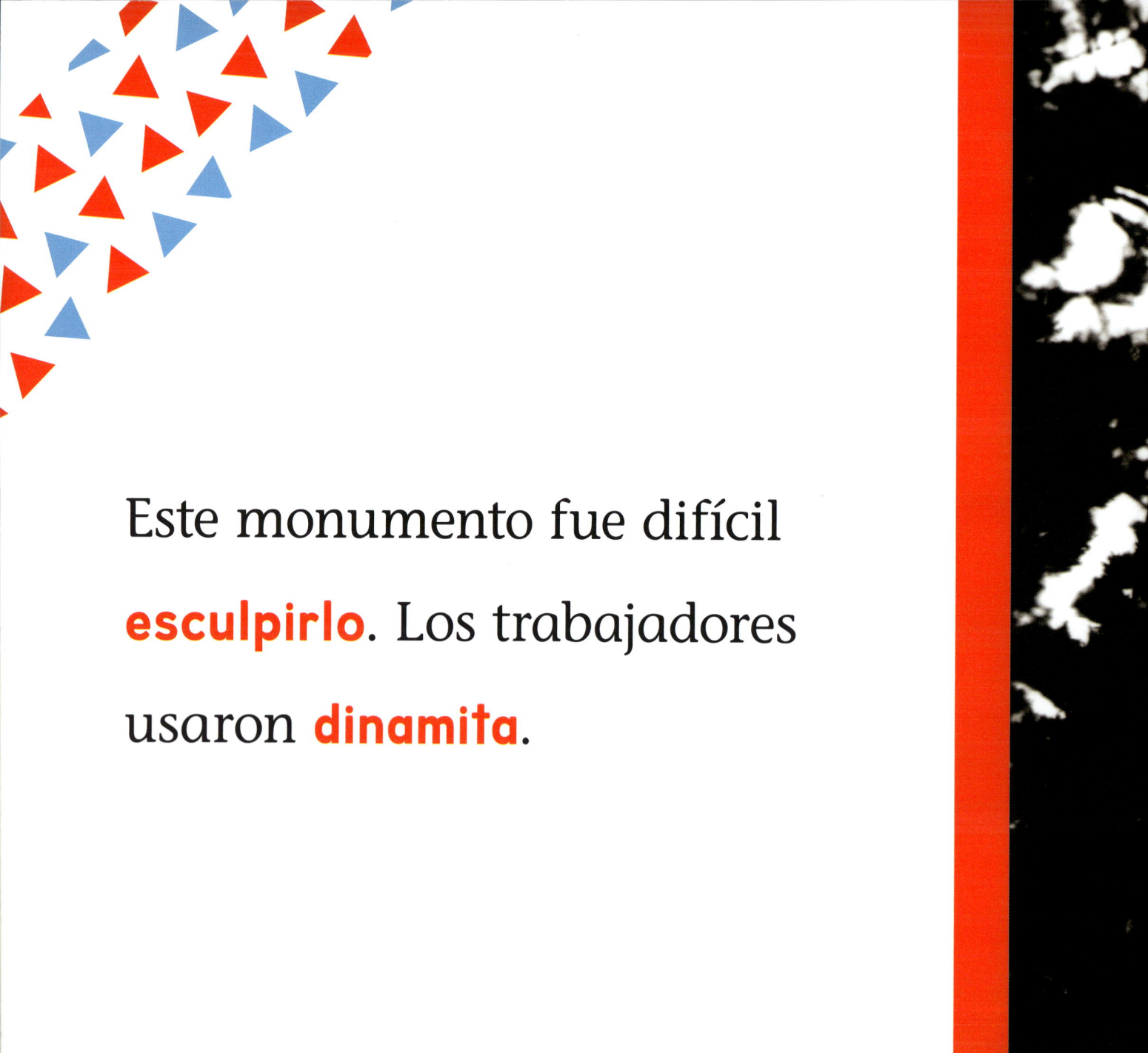

Este monumento fue difícil **esculpirlo**. Los trabajadores usaron **dinamita**.

7

Les tomó 14 años terminarlo.

Empezaron a **esculpir** en 1927.

9

Alrededor de 400 personas trabajaron en este proyecto.

11

Son las caras de cuatro personas. Son cuatro presidentes de los Estados Unidos.

George Washington

Thomas Jefferson

Theodore Roosevelt

Abraham Lincoln

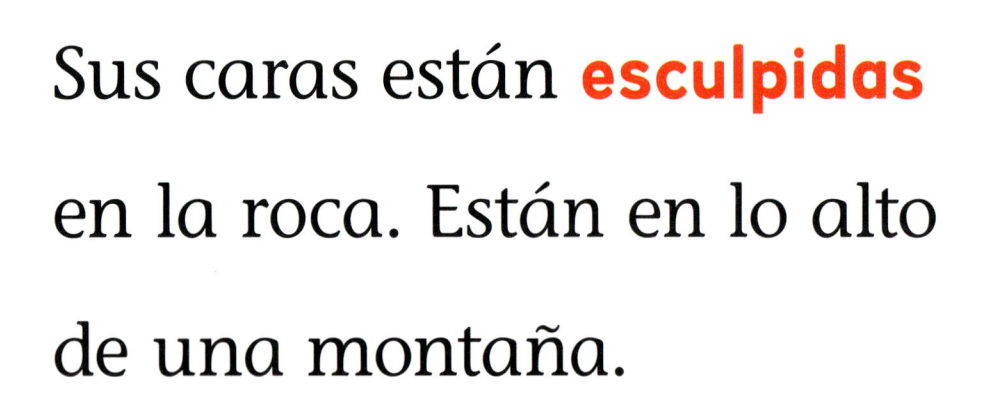

Sus caras están **esculpidas** en la roca. Están en lo alto de una montaña.

15

Cada cabeza mide 60 pies de altura (18 m).

17

Cada nariz mide 20 pies de largo (6.1 m).

19

Mucha gente lo visita cada año.

21

Las caras del Monte Rushmore

George Washington

Theodore Roosevelt

Thomas Jefferson

Abraham Lincoln

Glosario

dinamita
explosivo fuerte que puede romper rocas grandes.

esculpir
dar forma a un material sólido eliminando partes pequeñas de ese material.

Índice

cabezas 12, 14, 16

Dakota del Sur 4

dinamita 6

esculpir 6, 8, 14

nariz 18

presidente 12

trabajadores 6, 8, 10

visitar 20

abdokids.com

¡Usa este código para entrar en abdokids.com y tener acceso a juegos, arte, videos y mucho más!

Código Abdo Kids: UMK9138